LA

DÉFENSE DE LILLE

EN 1792

JEMMAPES · WATTIGNIES · HONDSCHOOTE

VALMY

FLEURUS

LA CONVENTION NATIONALE

DÉCRÈTE QUE LES CITOYENS DE LILLE

ET SA GARNISON ONT BIEN MÉRITÉ

DE LA PATRIE

5 Septembre — 8 Octobre
1792

HONNEUR
ET
PATRIE

C'est à l'école que l'on apprend à défendre sa Patrie.

LA
DÉFENSE DE LILLE

EN 1792

PAR

MAXIME PETIT

PARIS. CHARAVAY FRÈRES ÉDITEURS

4, rue de Furstenberg

1884

INTRODUCTION

Le 14 décembre 1791, Narbonne, ministre de la
guerre, avait annoncé à l'Assemblée législative la for-
mation de trois armées : l'armée du Nord, sous les
ordres de Rochambeau (48.000 hommes); l'armée de
la Meuse ou du centre, sous les ordres de Lafayette
(52.000 hommes); l'armée du Rhin, sous les ordres
de Luckner (1) (43.000 hommes). La première s'étendait
de Dunkerque à Philippeville, la seconde de Philippeville à Lauterbourg, la troisième de Lauterbourg à
Bâle. L'armée du midi, qui devait observer les
Pyrénées et les Alpes sous la direction de Montes-
quiou, n'était pas assemblée lors de la déclaration de
guerre (1).

Comme l'Espagne et l'Angleterre gardaient encore
une « neutralité perfide » et que la Tsarine tournait

1. NICOLAS, baron DE LUCKNER, maréchal de France,
né en 1722 à Campen (Bavière) décapité à Paris, le 3 jan-
vier 1794.
2. L'Assemblée législative déclara la guerre au roi
de Hongrie le 20 avril 1792.

avant tout ses regards ambitieux vers la Pologne, les seules puissances qui allaient d'abord lutter contre nous étaient l'Autriche, la Prusse, les États allemands, la Sardaigne liée à l'Autriche par les traités. Quatre-vingt trois mille Prussiens devaient agir par le centre contre la frontière de Champagne, tandis que les Autrichiens massés en Belgique (40.000 hommes) et sur le Rhin (25.000 hommes) couvriraient leurs flancs.

Les premières opérations eurent lieu en Flandre. Dumouriez (1), avant d'arriver au ministère de la guerre, avait conçu, en prévision de la lutte, un plan de campagne qui consistait : 1° à se tenir sur la défensive partout où la France avait des frontières naturelles; 2° à prendre l'offensive dans les Pays-Bas où notre territoire n'allait pas jusqu'au Rhin, et dans la Savoie où il n'allait pas jusqu'aux Alpes; puis, ces positions occupées, à les défendre sans aller plus loin. La conquête de la Belgique paraissait facile à

1. Charles-François Dumouriez, né à Cambrai en 1739, avait servi en 1757 dans le Hanovre sous le maréchal d'Estrées. En 1763, il avait été réformé avec vingt-deux blessures. Le duc de Choiseul lui accorda sa protection, et Louis XVI lui donna le grade de maréchal de camp. L'appui des Girondins le porta au ministère en 1792, et il s'y prononça pour la déclaration de guerre au roi de Hongrie et de Bohême. Il mourut à Turville-Park le 14 mars 1823.

LUCKNER

Dumouriez, qui comptait sur le soulèvement immédiat des patriotes de ce pays.

A l'approche des hostilités, le duc de Saxe-Teschen, commandant des troupes autrichiennes des Bays-Bas, avait distribué en trois corps ses forces disponibles : un détachement, aux ordres du général Starray, garda Mons ; le comte de Latour surveilla le pays entre Tournai et la mer, enfin le corps de bataille s'établit à Leuze. De ce côté de la frontière belge, presque toutes les places avaient été rasées par Joseph II : les Français possédaient au contraire dans leurs nombreuses villes de guerre autant de points de départ pour tomber sur les troupes ennemies, dont la ligne de retraite courait presque parallèlement à la frontière.

L'exécution du plan de Dumouriez fut confiée à Rochambeau et à Lafayette (1). Quinze cents hommes déboucheraient de Dunkerque sur Furnes ; quatre mille, de Lille sur Tournai ; dix mille, de Valenciennes sur Mons. Lafayette rassemblerait douze mille hommes à Givet et se dirigerait sur Namur, afin de déborder la gauche des impériaux. Ces différents

1. Marie-Jean-Paul-Roch-Yves-Gilbert Motier, marquis de Lafayette, né au château de Chavagniac (Cantal), le 6 septembre 1757, député à la Constituante, est un des hommes qui contribuèrent le plus à l'établissement

corps, ultérieurement renforcés, se porteraient en masse sur Liège ou sur Bruxelles (1).

Les trois colonnes de l'armée du Nord se mirent en mouvement le 28 avril Théobald Dillon (2), partant de Lille, marcha sur Tournai : mais à l'aspect de

de la monarchie constitutionnelle. Connu pour avoir pris part à la guerre de l'indépendance américaine, il fut proclamé en 1789 commandant de la garde nationale. La Législative lui confia en 1792 le commandement de l'armée du centre. — Rochambeau, entré au service comme simple cornette en 1712, s'éleva de grade en grade pour ses actions d'éclat jusqu'à celui de lieutenant général. Il avait, comme Lafayette, fait la guerre de l'indépendance. — Luckner, d'origine bavaroise, était entré au service de la France en 1763.

1. Il n'est pas difficile de se convaincre des vices de cette disposition : en débutant par des opérations décisives, il était puéril de laisser des garnisons complètes dans des places couvertes par les mouvements même de l'armée... Il était surtout ridicule de ne renforcer que successivement l'armée expéditionnaire ; car c'était dire, en d'autres termes : l'ennemi a 35.000 hommes en Belgique; mettez-vous à la tête de 25.000, chassez-le, et quand vous l'en aurez expulsé, on vous enverra 60.000 hommes. Combinaison bizarre, aussi fausse comme manœuvre de guerre que comme opération politique. Jomini, *Histoire critique et militaire des guerres de la Révolution*, II, 11.

2. THÉOBALD, comte DE DILLON, né à Dublin vers 1745, s'engagea d'assez bonne heure au service de la France.

l'ennemi, sa cavalerie se replia en criant à la trahison et l'entraîna dans la déroute avec le reste des troupes. Déjà blessé par ses propres soldats, il fut massacré par la populace de Lille, ainsi qu'un officier du génie nommé du Berthois. Les mêmes scènes de désordre se reproduisirent non loin de Mons, où Biron, sortant de Valenciennes, s'était avancé après avoir pris Quiévrain, et le général Carle, qui marchait de Dunkerque sur Furnes, rentra dans son camp. Lafayette, laissant 24.000 hommes à Dun et à Tiercelet pour couvrir son centre, avait gagné Givet avec des peines inouïes et par des chemins impraticables ; de là il avait poussé son avant-garde vers Namur, mais il revint au camp de Rancennes en apprenant les désastres de Quiévrain et de Tournai. Le duc de Saxe avait à notre approche porté 10.000 hommes sur Mons et prescrit à Starray de se prolonger dans la direction de la Sambre.

La simultanéité de ces deux défaites produisit à Paris une agitation générale. Les partis politiques s'en accusèrent réciproquement, et Degrave effrayé se démit du portefeuille de la guerre. Le commandement de Rochambeau passa aux mains de Luckner, qui, chargé de tenter de nouveau l'invasion de la Belgique, résolut de marcher sur Courtrai avec ce qu'il pourrait réunir de l'armée du Nord, tandis que

MASSACRE DE DILLON ET DE BERTHOIS

Lafayette menacerait Mons et Bruxelles : si le général parvenait ainsi à contenir l'ennemi et à l'empêcher de renforcer son camp de Tournai, l'armée du centre se porterait sur Mons et s'en emparerait.

Luckner rassembla sur la Lys ses divisions de Famars (1), de Lille et de Dunkerque : il s'avança à Menin, le 18 juin, et son avant-garde prit Courtrai après une légère résistance. Au même moment, le duc de Saxe détachait 12.000 hommes du camp de Mons pour attaquer l'avant-garde de Lafayette postée à Gliswelle : surpris au point du jour, les Français furent complètement battus, et c'est seulement à six heures que les Autrichiens, voyant arriver du renfort, se décidèrent à battre en retraite.

Informé du rassemblement des forces françaises sur la Lys, le duc Albert porta à 20.000 hommes le corps de Latour à Tournai et opposa à l'armée de Lafayette 12.000 soldats, qu'il fit rester à Mons. Mais bientôt, craignant de voir se former vers ses ailes de petites masses ennemies, il dissémina le corps de Latour pour fermer les routes à Lafayette et il s'étendit vers la mer du Nord, bien que ses communications fussent à sa gauche.

1. Famars se trouve à 5 kilomètres sud de Valenciennes.

Au lieu de profiter de cette dispersion des troupes autrichiennes, Luckner se laissa prévenir par elles et ordonna à ses soldats de regagner la frontière. D'ailleurs, l'approche des Prussiens et le rassemblement d'Autrichiens à Spire et dans le Brisgau nous mettaient dans l'obligation de rester sur la défensive, et nos armées reçurent une nouvelle répartition : le territoire compris entre la mer et Longwy fut confié à la garde de Lafayette, et Luckner surveilla l'espace entre la Moselle et le Jura.

Au milieu de l'émotion générale, la Législative avait rendu le décret réglant les formes d'après lesquelles la patrie serait déclarée en danger (7 juillet 1792). La déclaration, ajournée jusqu'au 11 juillet, fut ainsi rédigée :

« Des troupes nombreuses s'avancent vers nos « frontières. Tous ceux qui ont en horreur la liberté « s'arment contre notre Constitution.

« CITOYENS, LA PATRIE EST EN DANGER.

« Que ceux qui vont obtenir l'honneur de marcher « les premiers pour défendre ce qu'ils ont de plus cher « se souviennent toujours qu'ils sont Français et « libres : que leurs concitoyens maintiennent dans « leurs foyers la sûreté des personnes et des proprié- « tés : que les magistrats du peuple veillent attenti- « vement : que tous, dans un courage calme, attribut

« de la véritable force, attendent pour agir le signal
« de la loi, et la patrie sera sauvée. »

L'Assemblée décréta aussi une adresse aux citoyens
et à l'armée pour expliquer l'objet de cette déclaration, et décida que les départements qui n'avaient pas
fourni encore les bataillons réglementaires les lève-
raient immédiatement, que ceux dont les bataillons
ne seraient pas au complet se mettraient en mesure
de les y porter, que les gardes nationaux venus à la
Fédération et inscrits pour se rendre aux frontières seraient de suite organisés, que 83.000 hommes allaient
être levés pour compléter l'armée de ligne et former
quarante-deux nouveaux bataillons de volontaires.

Les décrets succèdent aux décrets. Le 20 juillet,
l'effectif de l'armée de terre est porté au complet
de 450.000 hommes ; le mode de levée et l'organisa-
tion première des troupes sont strictement détermi-
nés ; la nation prend sous sa protection les veuves et
les enfants des citoyens morts devant l'ennemi. Il
est arrêté que les communes qui, indépendamment
du contingent légal, fourniront des bataillons, compagnies ou escouades de gardes nationaux armés et
équipés, auront bien mérité de la patrie (1).

1. L'approche des Prussiens ne permettant pas d'at-
tendre l'application de ces mesures, l'Assemblée ordonna le 27 août une levée de 30.000 hommes autour
de Paris, sauf à les remplacer incessamment.

LAFAYETTE

Pendant que la France se préparait ainsi à repousser l'invasion austro-prussienne, le duc de Saxe, qui avait reçu du renfort et dont les forces disponibles s'élevaient maintenant à 40.000 hommes, prit le parti d'attaquer nos places du Nord, pendant que le duc de Brunswick descendrait en Champagne. Mais le général Clerfayt, ayant été rejoindre la grande armée d'invasion avec 15.000 hommes, le duc jugea prudent de se replier momentanément sur Mons. Lorsqu'il reprit l'exécution de ses projets, au mois de septembre, nous avions encore 4.000 hommes dans le camp de Maulde; autant à Bruille, à Saint-Amand et à Orchies; 6.000 dans le camp retranché de Maubeuge.

Albert de Saxe commença par feindre de fausses attaques sur toute la ligne. Le 3 septembre, Starray marcha sur Philippeville et Beaulieu se dirigea sur Quiévrain. Le 5, Latour s'empara des postes de Lannoy et de Roubaix, où nous n'avions que de faibles détachements, et il devint évident que l'ennemi se disposait à attaquer Lille.

LA

DÉFENSE DE LILLE

EN 1792

I

A en croire les émigrés, les habitants de
Lille étaient dévoués corps et âme à la cause
royaliste.

Rien pourtant n'autorisait une supposition
pareille. En juillet 1791, lorsque la garde nationale et les troupes de la garnison avaient
juré de défendre la Constitution et la patrie,
quinze officiers seulement refusèrent de se
soumettre aux décrets de l'Assemblée. Quant
au patriotisme des citoyens, tout en prouvait

la sincérité, et les lignes suivantes tirées d'une lettre écrite au *Moniteur* par un Lillois, à la date du 5 juillet 1791, montrent qu'on n'avait pas attendu la déclaration de guerre pour se mettre en mesure de tenir tête à l'ennemi : « Nos remparts offrent en ce moment le spectacle de plus de cent bouches à feu toutes prêtes à foudroyer les ennemis de la patrie. Gardes nationales, troupes de lignes, citoyens de tous les états, femmes, filles, enfants, tous armés de pioches et de pelles, ne sont occupés qu'à remuer les terres et à terminer les travaux des fortifications. Chacun travaille et chante en travaillant l'air *Ça ira*. Déjà une partie des fortifications est palissadée. Tous les citoyens sont armés. Notre garnison est animée d'un tel amour de la patrie qu'elle brûle d'impatience de voler au combat pour vaincre ou mourir. »
Le temps ne refroidit pas cet enthousiasme. Le 16 août 1792, André, maire de Lille, ayant déclaré la patrie en danger, un nombre considérable de volontaires vint s'inscrire sur les registres de la municipalité.

Lille était, en 1792, la place la plus impor-

VUE DE LILLE

tante de notre frontière septentrionale. Sa citadelle passait pour le chef-d'œuvre de Vauban
et la Deule entourait son enceinte. Mais lorsque le duc de Saxe vint l'attaquer, sa garnison
était considérablement diminuée par suite de
la marche de la majeure partie des troupes
vers l'armée du centre. Les Autrichiens, maî-
tres de Lannoy et de Roubaix, développèrent
des forces contre lesquelles on ne pouvait rien
tenter sans compromettre la sûreté de la ville.
La levée du camp de Maulde, qui eut lieu le
7 septembre, découvrit la frontière; Saint-
Amand, Orchies, tombèrent au pouvoir de l'ennemi; sur toutes les communications des
Lillois s'établirent bientôt des troupes légères.

Le 11 et le 12, le général Ruault, commandant de la place, fit exécuter deux sorties suc-
cessives sur les avant-postes autrichiens, qui
furent repoussés au-delà de Flers et d'An-
nappes. Malheureusement, l'ennemi recevant
chaque jour du renfort, il fut impossible de
rien entreprendre de plus. L'armée assiégeante
se développa en petits camps, dont les détachements poussés assez près de la place, inter-

ceptèrent les communications, excepté celles
avec Dunkerque et avec Béthune.

Lille avait pour défenseurs, au 5 septembre,
2,000 volontaires, 2,400 fantassins, 1,100 che-
vaux, 132 canoniers, 800 gardes nationaux et
deux compagnies de canoniers bourgeois sous
les ordres des citoyens Niquet et Ovigneur.

Du 14 au 21 septembre, 9,000 hommes de renfort arrivèrent, et pendant le bombardement,
1,000 soldats et 4,000 fédérés vinrent se joindre
aux assiégés (1). Ni la municipalité ni les habitants ne se montrèrent moins courageux que
les soldats. Les haines particulières, inévitables chez une population nombreuse, s'effa-
cèrent devant le danger commun. Les citoyens
mirent leur fortune, leur temps, leur vie au
service du patriotisme, et soulevés d'un enthousiasme héroïque, on les vit braver la mort
avec une incroyable insouciance. Les paysans
des environs accoururent en foule dans la ville,
demandant aux officiers et au maire de les
conduire au combat.

1. Il y avait dans Lille 500 Belges, venus pour défendre
« le pays de la liberté. »

Le 24 septembre, l'ennemi s'établit entre Lezenne et Mons-en-Bareil, le quartier général, à Annapes. Le général Starray délogea le lendemain les Français du faubourg de Fives, et le colonel de Browne fit ouvrir la tranchée en arrière de ce faubourg.

Le conseil de guerre, assemblé aussitôt, déclara la place en état de siège. L'artillerie fit sur le front menacé les dispositions nécessaires, en même temps qu'elle travailla à l'évacuation des magasins à poudre de la vieille porte de Fives. Le génie non plus ne resta pas inactif : il disposa toutes les manœuvres d'eau, établit des blindages pour abriter le magasin à poudre de l'Esplanade et prit diverses précautions.

Dans la nuit du 25 au 26, les Autrichiens ouvrirent la première parallèle, mais Duhoux sortit, dans la journée, et les délogea de leurs travaux. Le 27 et le 28, l'ennemi, malgré le feu de la place, fit des dispositions de batteries formidables. Le duc de Saxe, avec ses 30,000 hommes, ne pouvait sans doute pas entreprendre un siège régulier, seulement il possédait douze mortiers et cinquante canons

avec leurs accessoires. Or, pensait-il, en bom-
bardant la place, en allumant des incendies
dans les quartiers populeux, on aurait bientôt
raison de la ville rebelle. Qui sait même si les
mutins ne se rendraient pas d'eux-mêmes, s'ils
en étaient énergiquement sommés?

Le 29 septembre, à onze heures du matin, un parlementaire accompagné d'un trompette (1) et de deux hussards, se présenta devant le conseil de défense, muni de deux sommations adressées par le duc de Saxe, l'une au commandant, l'autre au maire. La première était ainsi conçue :

« Monsieur le Commandant,

« L'armée de S. M. l'Empereur et Roi que
« j'ai l'honneur de commander est à vos portes;
« les batteries sont dressées; l'humanité m'en-
« gage, Monsieur, de vous sommer, vous et
« votre garnison, de me rendre la ville et la
« citadelle de Lille pour prévenir l'effusion du
« sang. Si vous vous y refusez, Monsieur, vous

1. Ce trompette, nommé Joseph Vins, s'établit plus tard à Lille, y exerça le métier de charron et s'y maria.

« me forcerez, malgré moi, de bombarder une
« ville riche et peuplée que j'aurais désiré mé-
« nager. Je demande incessamment une ré-
« ponse catégorique. »

Et la seconde :

    « A la municipalité de Lille.

« Établi devant votre ville avec l'armée de
« Sa Majesté l'Empereur et Roi confiée à mes
« ordres, je viens, en vous sommant de la ren-
« dre, ainsi que la citadelle, offrir à ses habi-
« tants sa puissante protection. Mais si, par
« une vaine résistance, on méconnaissait les
« offres que je leur fais, les batteries étant
« dressées et prêtes à foudroyer la ville, la
« Municipalité sera responsable à ses conci-
« toyens, de tous les malheurs qui en seraient
« la suite nécessaire. »

Les réponses furent admirables :

    « Monsieur le Commandant général,

« La garnison que j'ai l'honneur de comman-
« mander, et moi, sommes résolus de nous en-

« sevelir sous les ruines de cette place plutôt
« que de la rendre à nos ennemis, et les ci-
« toyens, fidèles comme nous à leur serment
« de vivre libres ou de mourir, partagent nos
« sentiments et nous seconderont de tous leurs
« efforts.

« Lille, le 29 septembre 1792, l'an Ier de la
« République française.

« Le maréchal de camp, commandant à Lille,

                              « Signé : RUAULT. »

La réponse de la municipalité est empreinte
d'une simplicité imposante :

« Nous venons de renouveler notre serment
« d'être fidèles à la Nation, de maintenir la li-
« berté et l'égalité ou de mourir à notre poste.
« Nous ne sommes pas des parjures.

« Fait à la maison commune, ce 29 septembre
« 1792, l'an Ier de la République française.

« Le conseil permanent de la ville de Lille,

        « ANDRÉ, maire.

        « ROHART, secrétaire greffier par intérim. »

Le 30 septembre, lorsque ces lignes héroïques furent lues à la Convention nationale, il n'y eut qu'un cri pour en demander l'inscription honorable au procès-verbal. « Vous avez parlé en Lacédémoniens, écrivit de Douai le conseil général; vous agirez de même. Vous tenez une des clés de l'empire; elle ne peut être mieux confiée. »

Le parlementaire fut reconduit par le peuple aux acclamations mille fois répétés de : *Vive la nation! Vive la liberté! Mort aux Autrichiens!*

Dès qu'il eut atteint les avant-postes, vers trois heures, une décharge de douze mortiers et de vingt-quatre pièces tirant à boulets rouges, donna le signal du bombardement. Les Lillois répondirent avec vivacité, et le feu de la place fut d'autant plus redoutable pour les assiégeants que, manquant d'artillerie, ils ne pouvaient contrebattre les batteries des assiégés. L'église Saint-Étienne devint bientôt la proie des flammes ; des incendies éclatèrent en grand nombre dans le quartier Saint-Sauveur, le plus peuplé de la ville. Ces atrocités, loin d'intimider la population, suscitèrent chez elle comme un accès de fureur patriotique. Pendant que les femmes faisaient passer des boulets aux canonniers, des guetteurs, aidés par les habitants, stationnaient dans les rues ; dès qu'une bombe tombait, ils se jetaient sur la mèche pour l'éteindre ; ils prenaient avec des pinces et jetaient dans des seaux d'eau les boulets rouges. D'autres enfin garnissaient de fumier mouillé les planchers des greniers et les rues les plus menacées. Les villes voisines, Armentières, Cassel, Arras, Bergues, Aire, Saint-Omer, Béthune, Dunkerque, envoyèrent des pompes, quand elles surent qu'il en manquait à Lille.

Le 1er octobre, le conseil de guerre fit afficher la proclamation suivante :

« Citoyens!

« Vous le voyez, un ennemi atroce ne veut pas vous gouverner; il veut vous exterminer. Courage! redoublez de zèle contre les incendies; envoyez dans les campagnes libres vos tendres épouses et vos chers enfants; défen-

dez vos habitations en flammes; soyez assurés,
soyez absolument certains que la République,
riche de ses vastes domaines et des propriétés
des infâmes émigrés, fera rebâtir vos maisons,
vous indemnisera de toutes vos pertes. Le
conseil de guerre en prend derechef l'engage-
ment au nom de la nation entière, libre enfin
de ses tyrans. »

Le même jour, le conseil du district de Lille
écrivit au Conseil du département du Nord :

« Nous voudrions tenir ici les calomniateurs
du peuple, pour leur faire voir celui de Lille,
avec quel calme, quelle tranquillité, quelle
constance, il supporte les malheurs inévitables
de la position où nous sommes. Ici c'est un
père qui a perdu son fils ou sa fille; un mari
qui a perdu sa femme, et qui paie sans mur-
murer le tribut à la nature souffrante en di-
sant : *les scélérats n'auront point la ville pour
cela.* Là, ce sont des hommes et des femmes,
emportant avec eux ce qu'ils ont pu arracher
aux flammes. Il faut avouer que les ennemis
font une guerre de scélérats : ils se servent des
habitants des campagnes, ils les font travailler

à coups de sabre et de bâton. S'ils se sauvent, ils les arrêtent à coups de fusil. Quand serons-nous donc vengés de ces monstres? Il est dix heures, le feu se ralentit. La nuit sera terrible, l'ennemi change ses batteries. Mais comptez sur nous, nous ne broncherons jamais. Deux cents maisons sont brûlées et deux mille sont plus ou moins endommagées. »

Dans la nuit du 3 au 4, l'ennemi, occupé sans doute à réparer le désordre causé par nos batteries, ralentit son feu, mais dès le matin, il recommença de plus belle. On attribua ce redoublement de zèle à l'arrivée, dans le camp impérial, de l'archiduchesse Christine. Il paraît que la sœur de Marie-Antoinette, assise dans son fauteuil et entourée de nobles émigrées, faisait distribuer des rafraîchissements aux canonniers, dont elle admirait l'œuvre de vandalisme. Les assiégés se vengèrent de toutes ces cruautés en faisant des mots. L'archiduchesse fut surnommée l'*architigresse*. Un boulet, traversant la salle du conseil de guerre, alla se fixer dans le mur, et on le déclara en permanence comme le conseil lui-même. On vint annoncer à Ovigneur que sa femme était sur le point de devenir mère : « Est-elle en sûreté? demanda le chef des canonniers bourgeois. — Oui. — Cela suffit, je suis tranquille. » Un instant après, on lui apprit que les flammes dévoraient sa maison : « Alors, reprit-il, je vais renvoyer feu pour feu », et il pointa un canon.

Le 5 octobre, à huit heures du soir, on vit arriver à Lille six commissaires de la Convention : Delmas, Duhem, Bellegarde, Duquesnoy, d'Aoust, Doulcet. La joie fut grande dans la ville : les représentants du pouvoir allaient se convaincre par eux-mêmes de la barbarie des Autrichiens et de l'abnégation dont les citoyens comme les soldats venaient de donner tant de preuves.

Les Impériaux, dont les batteries n'avaient joué que faiblement dans la journée, ne tiraient plus maintenant que de quatre ou cinq pièces. Leurs munitions étaient épuisées; ils chargeaient leurs canons avec des pierres, des chaînes, des morceaux de fer et jusqu'aux poids de l'horloge de Fives (1). La municipalité

1. Un de ces poids tomba dans la cheminée d'un cabaretier.

avait mis des fonds à la disposition des ou-
vriers, et ce jour-là, 830 livres seulement leur
avaient été distribuées : « Il nous reste encore, avaient-ils dit, de quoi vivre pendant
quatre ou cinq jours. Après nous viendrons
vous en demander (1). »

Le 6 octobre, le feu des assiégeants cessa
tout à fait, et l'artillerie autrichienne battit en
retraite sur Tournai. Les Impériaux conservèrent encore leurs retranchements jusqu'au 8,
mais dans la nuit du 8 au 9, ils levèrent le
camp, en apprenant que Dumouriez, débar-
rassé des Prussiens, marchait au secours de
Lille. Dès que cette nouvelle fut connue, la
garnison et une foule de citoyens allèrent détruire les tranchées et les batteries. Les canonniers chantèrent une ronde, dont ils avaient
improvisé les couplets :

1. Le même désintéressement se manifesta après le
siège. On constata pour 1 millions et demi de dom-
mages, et 3 millions et demi d'indemnités seulement
furent réclamées.

Marie-Christine avait promis
De faire égorger tout Paris.
    Mais son coup est manqué
    Grâce à nos canonniers.
    Dansons la Carmagnole,
    Au joli son, au joli son,
    Dansons la Carmagnole,
    Au joli son du canon.

Enfin, les commissaires de la Convention adressèrent aux habitants de Lille une proclamation d'autant plus honorable qu'à cette époque les récompenses et les éloges ne se donnaient qu'au mérite, au talent et au dévouement :

« Citoyens, vous venez de prouver à l'Europe votre amour pour la liberté et votre haine pour la tyrannie.

« Vous avez vu périr vos frères, réduire en cendres une partie de vos propriétés, et vous êtes restés fidèles au poste où la patrie et l'honneur vous avaient placés. Vous vous êtes élevés à la hauteur de la révolution mémorable et salutaire du 10 août dernier.

« Vous êtes dignes d'être républicains.

« Au milieu de l'incendie, prêts à périr sous

les décombres de vos habitations, votre voix ne
s'est fait entendre que pour crier : Vive la nation, périssent les despotes ; nous voulons être
libres, et nous le serons!

« Ces brigands de l'Autriche, ces lâches émigrés, peuvent détruire, avez-vous dit, toutes
nos maisons ; mais les remparts de la place nous
restent, et les habitants et la garnison de Lille
ne se rendront point.

« Citoyens ! vous avez bien mérité de la patrie.

« Les commissaires de la Convention nationale étaient venus partager vos dangers. Les
représentants de la République française doi-
vent donner l'exemple de mourir en défen-
dant la souveraineté du peuple et son indépendance.

« Ils veulent assurer de tout leur pouvoir la
liberté et l'égalité, sous l'empire des lois.

« Vous venez, par votre courage, par votre
attitude fière et imposante, de placer une
colonne au grand édifice de la félicité pu-
blique.

« La Convention nationale, à qui nous allons

transmettre le tableau affligeant de votre situation, applaudira à votre patriotisme. Elle ne tardera pas à acquitter envers les citoyens de Lille une dette sacrée. Vos pertes sont considérables, vous serez justement indemnisés. Comptez sur sa sollicitude paternelle.

« Les rois furent toujours inhumains et parjures. Les représentants du peuple ne manqueront jamais à leurs engagements. Ils ne veulent que son bonheur ; ils veilleront sans cesse au salut de la République et à la prospérité de la grande famille.

« Citoyens, n'oubliez jamais qu'un roi parjure et corrupteur est la cause que ses satellites, que des rebelles ont porté le fer et la flamme sur le territoire français ; qu'ils ont massacré vos frères ; qu'ils ont ravagé vos moissons ; qu'ils ont incendié vos habitations.

« Vouez à ces monstres altérés de sang humain une haine éternelle, et qu'ils sachent que les patriotes français, plutôt que de courber leur tête sous le joug affreux du despotisme, sont tous résolus à périr les armes à la main.

« A Lille, le 8 octobre 1792, l'an Ier de la République française. E.-J.M. D'AOUST, Gustave DOULCET,. J. F. B. DELMAS, A. BELLEGARDE, P. J. DUHEM, Ernest DUQUESNOY.

Des quatre coins de la France, arrivèrent des adresses de félicitation, souvent accompagnées de secours en numéraire pour les incendiés. Des officiers (Dumouriez, Dejean, d'Aumont, etc.) envoyèrent leurs décorations pour honorer le courage des assiégés. Le département du Var demanda que, sur le fronton des portes de Lille, on inscrivît en lettres de fer : *c'est là que les tyrans échouèrent en 1792*, et que chaque maison reconstruite portât une plaque commémorative avec ces mots : *Elle fut détruite par les tyrans; elle a été rebâtie par la reconnaissance nationale.*

Quelques jours après la levée du siège, une foule en habits de fête stationnait sur les ruines encore fumantes du quartier Saint-Sauveur. Tout à coup, les sons d'un hymne guerrier résonnèrent; le corps municipal apparut, précédé de soldats et de volontaires: un roulement de tambour se fit entendre, et le maire André, au milieu d'un silence imposant, dit d'une voix émue :

« La Convention nationale décrète que les citoyens de Lille et sa garnison ont bien mérité de la patrie! »

IV

C'était justice. De toutes les vertus que peut inspirer l'amour de la patrie, le siège de Lille fournit de mémorables exemples. Les citoyens en étaient arrivés à mépriser la mort, à braver le danger avec une insouciance merveilleuse, avec cet enthousiasme unique qu'Isnard appelait « l'enthousiasme de la liberté. » Les uns jouaient à la boule avec les boulets rouges qui pleuvaient dans les rues, d'autres coiffaient les bombes du bonnet phrygien. Un grenadier volontaire, voyant son capitaine renversé, lui tendit la main : une balle la lui perça au moment même et il présenta l'autre, qui fut emportée à son tour par un projectile ennemi; sans se décourager, sans proférer une plainte, il avança ses bras mutilés pour aider à relever son chef.

Dans la rue du Vieux-Marché-aux-Moutons, une bombe éclate; on se précipite pour en

LE BARBIER MAES

avoir les morceaux. Le barbier Maës en prend
un et s'écrie aussitôt : « Voilà mon plat à barbe.
Qui veut se faire raser? » Vingt-et-un de ses
voisins approchent, et Maës les rase gratis à
l'endroit même où la bombe était tombée (1).

Ce sont là de petits faits, si l'on veut, mais de
petits faits méritoires, et le nombre en fut si
considérable pendant le bombardement qu'on
ne saurait les mentionner tous. Aussi faut-il
approuver sans réserve les lignes suivantes qui
terminent le *journal précis de l'attaque de Lille*,
rédigé sous les yeux du conseil de guerre : « En
vain, l'armée autrichienne s'était-elle flattée de
la conquête de la ville, sans développer d'attaque sur les nombreux ouvrages qui la couvrent ;
en vain avait-elle compté, en portant sur tous
les points de sa surface l'incendie, le ravage et
la mort, diviser et soulever un peuple fier de
sa liberté. Un calme froid et stoïque, à travers

---

1. Maës, devenu populaire par suite de cette plaisan-
terie héroïque, fit rapidement une assez belle fortune,
devint agent de change et promena dans Lille le premier tilbury qu'on y ait vu. Mais il mourut pauvre
en 1822.

ce théâtre d'horreur, se peignait sur le front du citoyen indigné ; les malheurs de chaque jour enflammaient son courage ; un sentiment héroïque soutenait ses bras défaillants au milieu des fatigues et des veilles ; enfin, tandis que le soldat, par principe et par devoir, fidèlement dévoué à son poste, y déployait, comme au milieu des flammes une valeur peu commune, le Lillois, insensible à ses pertes, jurait de mourir non seulement sur les restes fumants de son habitation, mais encore sur la brèche de ses remparts, où l'ennemi ne portait que des efforts impuissants. Époque à jamais mémorable ! Puissent les chefs, les pères d'un peuple libre, rappeler à leurs derniers neveux la fierté héroïque, les sentiments généreux des Lillois (1) ! »

Le Conseil général du département de Paris, pénétré d'admiration pour le dévouement à ja-

1. On pourra consulter sur le siège de Lille :
Le siège de Lille en 1792, par Victor Derode (Lille, 1882, gr. in-8°).
Le département du Nord pendant la Révolution française (Lille et Douai, in-8°. 1882).
Les sept sièges de Lille, par Brun-Lavainne et Élie Brun (Paris et Lille 1838, gr. in-8°).

mais célèbre de la ville assiégée, arrêta à l'unanimité, sous la date du 17 octobre 1792, que le *journal précis de l'attaque de Lille* serait imprimé, affiché dans l'étendue du département, et envoyé à toutes les municipalités. De son côté, la commune de Paris envoya à la commune de Lille une adresse de félicitations et donna à la rue de Bourbon le nom de la cité qui venait de donner tant de preuves de courage civique.

Le 8 octobre 1882, la ville de Lille a célébré l'anniversaire de la levée du siège. A cette occasion, elle inaugura le buste du maire André, qui fut l'âme de cette héroïque défense, et la population, par son enthousiasme patriotique, montra bien qu'en cas de malheur elle serait prête, aujourd'hui comme en 92, à donner son sang pour la France et pour la liberté.

APPENDICE

***

Le siège de 1792 n'est pas le seul qu'ait soutenu Lille : en 1128, en 1214, en 1297, en 1302, en 1304, en 1667, en 1708, cette ville fut également assiégée, et l'on ne lira pas sans intérêt le résumé succinct de ces divers événements.

I

SIÈGE DE 1128

« En 1126, la famine décimait la Flandre, et plongeait des villes entières dans le deuil et l'affliction; mais Charles de Danemark, alors comte de Flandre, s'efforçait d'en diminuer l'intensité par ses soins et sa prévoyance. A sa

mort, le brigandage, les incendies, le pillage,
en un mot, toutes les horreurs de l'anarchie
vinrent fondre sur la Flandre et Guilllaume
d'Ypres crut dans ces conjonctures devoir
prendre le titre de comte de Flandre, en appa-
rence dans le seul but de mettre un terme aux
troubles qui désolaient le pays, en réalité pour
s'emparer d'un poste auquel, quoique bâtard,
il prétendait par son père Philippe, fils de Robert de Jérusalem. Mais Louis-le-Gros, roi de
France, favorisait Guillaume de Normandie,
fils de Robert-Courteheuse, qui fut effective-
ment proclamé à Arras.

« Le nouveau comte songea bientôt, sous les
auspices du roi, à reconquérir la Normandie,
et à se venger des Anglais ; mais pour y par-
venir il ne craignit pas d'écraser ses sujets sous
les impôts et les exactions de toute espèce, et
les Flamands se trouvèrent enfin si malheureux,
si maltraités par les agents du comte, que le
mécontentement éclata de toutes parts sous
les formes les plus redoutables.

« Lorsque Guillaume se présenta pour entrer
à Lille, le pont-levis se dressa, les portes se

fermèrent à ses yeux étonnés ; à ses menaces
et à ses imprécations, on répondit du haut des
murs que les Lillois avaient besoin d'un prince
qui leur servit de père et non d'un homme
gorgé de vols et de rapine ; que Thierry d'Alsace prendrait le gouvernement de la Flandre,
et qu'ils n'ouvriraient leurs portes qu'à ce prince
vertueux et brave. Guillaume se retira plein
de rage et alla implorer le secours de Louis-
le-Gros, qui lui promit un renfort considérable ; mais pendant ce temps, Thierry d'Alsace
entrait à Lille avec des troupes nombreuses, et
fort de l'appui des habitants, il refusait de se
rendre à une citation que lui avait envoyée
l'évêque d'Arras de la part du roi de France
pour qu'il rendit compte de sa conduite.

« Toute la Flandre fut excommuniée, en
particulier Thierry et ceux qui lui prêteraient
secours, on leur interdit le feu et l'eau, on les
menaça des foudres célestes, mais tout cela ne
fit que fortifier les Lillois dans leur dessein : ils
méprisèrent les menaces et ne songèrent plus
qu'à se préparer à soutenir le siège que Guillaume et Louis-le-Gros ne tardèrent pas à venir

mettre devant Lille. Le roi de France avait
réuni pour ce siège tout ce que l'art militaire
à cette époque possédait de machines de guerre,
mais partout où l'attaque se dirigeait, elle ren-
contrait une résistance opiniâtre. Après bien
des tentatives toujours vaines et toujours hon-
teusement repoussées, Louis fatigué eut re-
cours à la corruption et fit faire de brillantes
promesses à quelques habitants. Les Lillois répondirent que Guillaume avait été pour eux un
tyran, non un prince; que ses crimes et ses
injustices avaient motivé son expulsion; qu'ils
aimaient mieux mourir pour Thierry d'Alsace
que de vivre avec Guillaume.

« Ces paroles firent une profonde impression
sur Louis: il apprécia seulement alors la conduite du duc de Normandie, et peu de temps
après il prit le parti de lever le siège. Guillaume,
abandonné à lui-même, ne tarda pas en faire
autant. »

(*Les sept sièges de Lille*, par Brun-Lavainne,
p. 9-17.)

II

SIÈGE DE 1214

Au commencement du xiiie siècle, la nomination d'un archevêque au siège de Canterbury mit aux prises Jean-sans-Terre et le Pape Innocent III. Le roi d'Angleterre ayant refusé de recevoir l'ecclésiastique sur lequel s'était arrêté le choix de la cour de Rome, son royaume fut frappé d'interdit, mais Jean, loin de se courber sous le poids de cette sentence, se rendit coupable envers le clergé des plus odieuses vexations. Aussi en 1211, Innocent III déclara-t-il le roi rebelle déchu du trône.

Philippe-Auguste convoqua alors à Soissons un Parlement nombreux (avril 1213). Il déclara aux barons assemblés qu'il allait passer le détroit pour détrôner le monarque excommunié, que le Pape lui avait transféré, à lui et à ses successeurs, la souveraineté perpétuelle de l'Angleterre, et que les privilèges des croisés

seraient octroyés à ceux qui s'armeraient contre
Jean-sans-Terre. Les seigneurs promirent leur
concours, sauf Ferrand, comte de Flandre qui
se plaignit d'être injustement dépossédé « de
ses châteaux d'Aire et de Saint-Omer (1). »

Philippe-Auguste irrité somma les seigneurs
de se rendre à Rouen dans l'octave de Pâques.
Il avait juré « par tous les saints de France que
la France deviendrait flamande ou la Flandre
française, » mais il devait auparavant « rache-
ter ses péchés » en triomphant de l'Anglais et il
fit des préparatifs de guerre. Grand fut son
courroux, lorsqu'il apprit qu'une transaction
était intervenue entre Innocent III et Jean-sans-
Terre, et lorsque le légat du Pape vint lui en-
joindre de se désister de son entreprise. Il est
à croire qu'il aurait passé outre, s'il n'avait tenu
à se venger de la rébellion de Ferrand, mais

1. Lors du mariage de Ferrand de Portugal avec
Jeanne de Flandre, fille de Baudoin, empereur de Cons-
tantinople, le prince Louis de France s'était fait rendre
les villes d'Aire et de Saint-Omer. Ferrand avait, pour
cette raison, contracté une alliance clandestine avec
Jean-sans-Terre et l'empereur Othon.

l'invasion d'un aussi riche pays que la Flandre lui souriait assurément beaucoup plus qu'un débarquement à Douvres.

La flotte française, partie de l'embouchure de la Seine, commença par prendre Gravelines, tandis que le roi en personne s'emparait de Cassel, d'Ypres et de Bruges. Philippe-Auguste marchait déjà sur Gand, quand il apprit le désastre de sa flotte près du port de Dam. Il accourut, réduisit la ville en cendres, rançonna plusieurs cités flamandes et ne reprit le chemin de la France qu'après avoir mis garnison dans Oudenarde, dans Courtrai, dans Douai et dans Lille.

A peine s'était-il éloigné que Ferrand, retiré derrière l'Escaut, accourut en Flandre avec un corps de troupes fourni par le comte Guillaume de Hollande, et s'avança jusqu'à Lille, qui ne tarda pas à lui ouvrir ses portes et à chasser les Français.

« Philippe-Auguste cependant ramène aussitôt son armée et s'avance d'une marche rapide, impatient de porter secours sans le moindre retard à ses amis... Les Français, dès qu'ils sont

arrivés, ne s'occupent point à prendre toutes
les mesures pour investir les murailles, de
peur que,le moindre retard ne soit fatal, puis-
que les citoyens font les plus grands efforts
pour expulser de la tour (1) les autres Français. Tombant à l'improviste sur la porte qui
fait face au levant, ils brisent les barrières de
fer, font rouler les portes sur leurs gonds de
vive force, et avant même que les habitants
aient eu le temps de monter sur leurs remparts
ils pénètrent dans les rues ; dans le premier mouvement de leur fureur, répandant les flammes
autour d'eux, ils abattent et renversent sur la
terre les plus belles maisons... La flamme
dévorante ne se borne pas à consumer sur les
côtes les rues qui se communiquent : bientôt,
les étincelles volent au loin ; tout ce qu'il y a de
beau dans l'enceinte des remparts se trouve
en un instant anéanti par la violence de l'incendie. En même temps que les maisons, périssent tous ceux à qui les infirmités de l'âge

1. La garnison française s'était retirée dans le fort de
Dergnau, dont il est ici question.

ou la faiblesse du corps refusent les moyens
d'échapper au danger... Tout ce que la flamme
put trouver à dévorer, elle le dévora ; le reste
fut renversé par les instruments de guerre et
par les durs boyaux ; la tour même ne demeura
point debout, afin qu'il n'y eût désormais en ce
lieu aucun point où les gens de la Flandre
pussent habiter (1). »

III

SIÈGE DE 1297

En 1294, le roi d'Angleterre avait fait demander à Guy de Dampierre, comte de Flandre, la
main de sa fille pour le prince de Galles, dans
le but de brouiller Philippe le Bel avec l'un de
ses plus puissants vassaux.

Le roi de France ne s'y trompa point et se
promit de tirer vengeance d'un projet de mariage fait sans son consentement. Dissimulant

1. Guillaume le Breton, *La Philippéide*, trad. Guizot,
chant IX.

sa colère, il engagea Guy à lui amener sa fille avant qu'elle passât le détroit; puis, lorsque ses hôtes furent arrivés à Paris, il les retint prisonniers. Peu de temps après, il rendit bien la liberté au comte, mais à condition qu'il garderait la jeune fille pour garantie de la promesse que Guy lui avait faite de rompre l'union projetée (1296).

A quelque temps de là, les Valencenois s'étant révoltés contre le comte de Hainaut et ayant reconnu Guy pour leur seigneur, celui-ci, profitant de la circonstance, appela les Anglais à son aide et défia son royal suzerain (1297). Philippe, ne se contenant plus, se jeta sur la Flandre à la tête de 70.000 hommes, ravagea le pays, et se présenta devant Lille, qui tint ferme pendant près de trois mois; mais, la famine augmentant de jour en jour, Robert de Béthune, fils de Guy, se vit obligé de capituler, et se retira avec ses bagages. Après son départ, les bourgeois demandèrent au roi de « les recevoir en sa bonne grâce »; Philippe accepta, et quelque temps après, il déclara le comté de Flandre réuni à la couronne. Il avait appelé à

Paris Guy de Dampierre sous prétexte de conclure un traité, et il l'avait emprisonné à Compiègne.

IV

SIÈGES DE 1302 ET DE 1304 (1).

Jacques de Châtillon, gouverneur de Flandre, accabla tellement ses administrés de vexations et d'impôts que Lille se souleva contre les Français. La sanglante journée des Éperons nous ayant été aussi funeste que possible, Jean de Namur vint faire le siège de Lille, et les magistrats de cette ville déclarèrent que la place se rendrait le jour de l'Ascension si d'ici-là il ne recevait pas de secours du roi de France. Comme Philippe le Bel était dans l'impossibilité de retourner de suite au combat, Lille redevint donc flamande; mais le 18 août 1304, il rem-

---

1. V. l'*Histoire de Lille*, par L. de Rosny, p. 91.

porta l'éclatante victoire de Mons-en-Pévèle, et
il vint investir Lille. Les assiégés lui promirent
de se rendre, s'ils ne recevaient pas de renfort
avant les calendes d'octobre. Trois jours avant
l'époque fixée pour la reddition de la ville,
Jean de Namur, qui avait rassemblé une armée
imposante, vint planter ses tentes près du
camp royal et appela les Français au combat.

Philippe le Bel apprit en même temps que
les troupes de son adversaire avaient juré de
mettre fin aux hostilités par la victoire ou par
la mort. Aussi préféra-t-il aux chances d'une
bataille la conclusion de la paix : Lille passa
pour la seconde fois aux mains du roi de France,
mais les Flamands conservèrent tous leurs privilèges.

V

SIÈGE DE 1667

A la mort de Philippe IV, roi d'Espagne (1665),
Louis XIV réclama à Charles II, son beau-frère,
la cession du duché de Brabant. Pour appuyer

sa réclamation, il envoya en Flandre trois armées (1667), se mit à la tête de la plus nombreuse, et après s'être emparé de plusieurs villes, vint avec Turenne mettre le siège devant Lille, défendue par une garnison de 6.000 hommes et par 50.000 habitants dévoués et aguerris. Vauban, chargé des opérations, ouvrit la tranchée le 19 août. Dès le 22, nos soldats étaient à cent pieds des glacis.

Le gouverneur de la place, le comte de Brouai, ayant appris qu'il n'y avait pas de glace au camp français, poussa la courtoisie jusqu'à en faire porter chaque jour pour le service du roi.

« Je suis bien obligé à M. de Brouai de sa glace, dit un jour Louis XIV au gentilhomme qui la lui apportait, mais il devrait bien m'en envoyer un peu davantage.

« Sire, répondit le gentilhomme en s'inclinant, M. le gouverneur croit que le siège sera long, et il craint que la glace ne vienne à manquer. »

Mais une armée, dirigée par Vauban et Turenne, ne devait pas se laisser arrêter par les obstacles. Dès le 22, on se logea sur la contres-

carpe et dans le chemin couvert; le 26, les
assiégés tentèrent inutilement une sortie, et
dès le lendemain, ils durent se résoudre à capituler.

VI

SIÈGE DE 1708

La succession d'Espagne avait armé presque
toutes les puissances contre la France, et la
Flandre fut en particulier le théâtre d'une
guerre sanglante. En 1708, le prince Eugène et
Marlborough, profitant de la mésintelligence
des chefs de notre armée, résolurent de frap-
per un coup décisif en s'emparant de la capi-
tale de la Flandre française. Le 12 août. Eugène
investit Lille avec 30.000 hommes, 120 canons
et 80 mortiers, et Marlborough couvrit son allié
au moyen d'une armée de 60.000 hommes éta-
blie à cheval sur l'Escaut. La tranchée fut ou-
verte dans la nuit du 22 au 23 août.

Le vieux comte de Boufflers s'était jeté dans

la place pour la défendre; il y avait trouvé une
garnison de 16 bataillons, de 9 escadrons et
800 invalides détachés. Quant à la population,
de même qu'en 1792, elle fut vaillante, ferme
et tout entière à son devoir pendant que dura
le siège.

Le jeune duc de Bourgogne, ayant sous ses
ordres les généraux Berwick et Vendôme,
avait la mission de tenir tête à Marlborough et
au prince Eugène. Si Berwick et Vendôme
avaient été moins jaloux l'un de l'autre, ils
auraient pu, puisqu'ils disposaient de forces
supérieures, déjouer peut-être dès le début le
projet de leurs adversaires; Berwick aurait pu
attaquer les lignes d'Eugène, tandis que Vendôme aurait contenu Marlborough et que les
assiégés auraient exécuté une sortie vigou-
reuse : Eugène, pris ainsi entre deux feux, se
serait trouvé dans une situation fort critique.
Malheureusement, Vendôme, trouvant que la
réalisation de ce plan réserverait à son collègue
le rôle le plus glorieux, se prononça pour la
jonction des deux armées, et Berwick résigna
son commandement pour ne pas avoir l'air de

DÉFENSE DE LILLE PAR BOUFFLERS

se soumettre à Vendôme. Pendant ce temps, le duc de Bourgogne faisait dire des prières publiques.

« Les assiégés, cependant, se défendaient avec un admirable courage; quatre assauts successifs donnés au chemin couvert furent repoussés avec des pertes immenses pour l'ennemi, à qui la conquête de chaque pouce de terrain coûta des flots de sang. Blessé dans la dernière de ses attaques, le prince Eugène envoya demander au comte de Boufflers une suspension d'armes de vingt-quatre heures pour enlever et enterrer ses morts.... Les assaillants durent abandonner tous leurs postes avancés, et une longue ligne de leurs tranchées fut comblée. Cinq mille hommes étaient déjà tombés devant Lille. L'héroïsme du gouverneur inspirait un égal dévouement à la garnison et aux habitants. Ceux-ci supportaient avec une constance inouïe tous les désastres d'une place assiégée; ils s'étaient tellement habitués aux grondements et aux ravages du canon pendant ce mémorable siège, qui ne dura pas moins de quatre mois, qu'on donnait dans la ville des spectacles aussi fréquentés qu'en temps de paix. » Bref, Eugène et Marlborough étaient sur le point de lever le siège, faute de vivres, lorsqu'ils reçurent un convoi important et du renfort, ce qui leur permit de rester devant la place.

Le 25 octobre, le canon des assiégeants avait ouvert partout des brèches. Ne comptant plus sur le duc de Bourgogne, qui persistait à entendre des messes au lieu de se battre, le brave Boufflers épuisa toutes les munitions, et écrivit au prince Eugène de venir « partager avec lui le dernier quartier de cheval qui lui restait. » Le prince, admirant le courage dont le vieux gouverneur venait de donner tant de preuves, lui permit de dresser à son gré les articles de la capitulation. « Monsieur le comte, lui dit-il ensuite, je suis fort glorieux d'avoir pris Lille ; mais j'aimerais encore mieux l'avoir défendue comme vous. »

Louis XIV récompensa Boufflers avec autant de distinction que s'il avait remporté une victoire : il le créa pair et maréchal de France.

FIN

Paris. — J. Mersch, impr., 94, rue Denfert-Rochereau.

---

www.ingramcontent.com/pod-product-compliance
Lightning Source LLC
Chambersburg PA
CBHW070949280326
41934CB00009B/2047